AF371037

8° V
29249

JUDITH GAUTIER

Les Musiques Bizarres

à l'Exposition de 1900

LA

MUSIQUE CHINOISE

TRANSCRITE PAR

BENEDICTUS

Rosées

Écoutez le Coucou

Nuit d'Automne

PARIS

SOCIÉTÉ D'ÉDITIONS LITTÉRAIRES & ARTISTIQUES

Librairie Ollendorff

50, CHAUSSÉE D'ANTIN, 50

ENOCH & Cie

27, BOULEVARD DES ITALIENS, 27

1900

Tous droits réservés

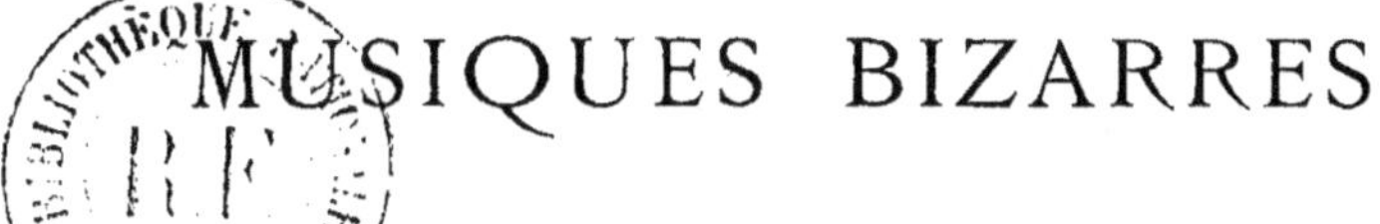

Les

MUSIQUES BIZARRES

à l'Exposition de 1900

8° V
29247

LES MUSIQUES BIZARRES A L'EXPOSITION
DE 1900

TABLE

Tous droits de traduction, de reproduction et de représentation
réservés pour tous les pays
y compris la Suède, la Norvège, la Hollande et le Danemark.

S'adresser, pour traiter, à la Librairie Paul Ollendorff,
50, Chaussée d'Antin, Paris.

JUDITH GAUTIER

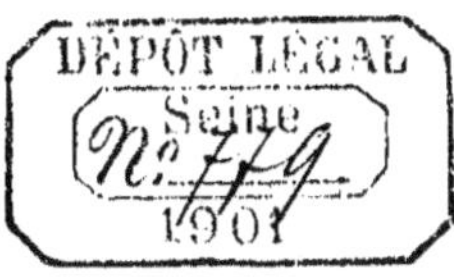

DÉPÔT LÉGAL
Seine
N° 779
1901

LA
MUSIQUE CHINOISE

A l'Exposition de 1900

ROSÉES — ÉCOUTEZ LE COUCOU — NUITS D'AUTOMNE

TRANSCRITS PAR

BENEDICTUS

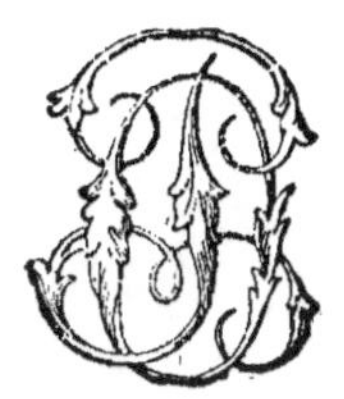

PARIS

LIBRAIRIE PAUL OLLENDORFF | ENOCH ET Cⁱᵉ
50, CHAUSSÉE D'ANTIN, 50 | 27, BOULEVARD DES ITALIENS, 27

1900

Tous droits réservés.

La

Musique Chinoise

Avant Apollon et Orphée, avant Cadmus, deux mille ans avant Pythagore, un Chinois nommé Line-Lene, ministre de l'empereur Houang-Ty, fut choisi pour fixer les *lois des sons musicaux*.

Afin d'accomplir la haute mission qui lui était confiée par le maître, Line-Lene se retira dans une forêt de bambous, près des sources du fleuve Jaune ; et là, au milieu des bruits harmonieux de la nature, il se recueillit et médita.

Il coupa des tubes de bambous de différentes grandeurs, qui rendaient sous ses lèvres des sons divers ; il crut trouver en l'un d'eux le son fondamental ; il s'y arrêta et le prit pour base, en lui donnant le nom de : *Liu* (base, règle, principe), cette note fondamentale correspond à notre *fa*. Line-Lene découvrit bientôt que l'octave musicale était divisible en douze demi-tons, et il coupa soigneusement douze tuyaux qui rendaient exactement les douze demi-tons. La gamme chromatique, exactement celle dont nous nous servons aujourd'hui, était créée, et lorsqu'on se souvient que Line-Lene vivait 2697 ans avant notre ère, on peut dire, avec une apparence de certitude, qu'il fut l'inventeur de la science musicale.

Line-Lene distribua ses douze demi-tons en *Yang-liu* : Liu

mâles, ou parfaits, et en *Yn-liu*, Liu femelles, ou imparfaits. Les liu parfaits sont les notes naturelles, les liu imparfaits correspondent aux dièzes. Il fixa sept modes, formés par la réunion de cinq *yang* et de deux *pien*, c'est-à-dire de cinq tons et de deux demi-tons : *fa, sol, la, si, do, ré, mi*, en chinois : *kong, chang, ko, pien-tché, tché, yu, pien-kong*; notre gamme, absolument. Chaque mode a son style, qu'il est indispensable de bien connaître pour composer un morceau vraiment expressif.

« Le mode *Kong* ou *Houang-tchong*, par exemple, est grave et imposant, c'est pourquoi il représente la souveraineté de l'empereur, la majesté de son aspect, la sagesse de ses actions. Le mode *Chang* ou *Tay-tsin* est fort et un peu rude parce qu'il symbolise l'intrépidité des ministres et la rigueur qu'ils apportent à l'exercice de la justice. Le mode *Ko* ou *Kio-Tchong* est doux et tranquille, c'est la soumission aux lois, la docilité du peuple, sa confiance en celui qui a la mission de le gouverner. Le mode *Tché* ou *Lin Tchong* est vif et rapide, il exprime la célérité avec laquelle doivent être accomplies les affaires de l'Etat. Le mode *Yu* ou *Lan-liu* est le plus sublime, il est joyeux et éclatant, il représente l'harmonie de la nature. »

Par des mesures et des calculs, d'une précision admirable, Line-Lene avait fixé la dimension de ces douze tubes, correspondant aux sons des *Liu*.

Pythagore voulut, lui aussi, déterminer les rapports des tons au moyen de mesures et de poids ; il est curieux de constater que, si l'on a reconnu de graves erreurs dans les conclusions du célèbre philosophe, celles du mathématicien chinois, de 2,000 ans plus anciennes, sont demeurées inattaquables.

Quelques siècles après Line-Lene, il y a 4,500 ans seulement, un Conservatoire de musique fut fondé en Chine, par l'empereur Chun. Les fils des princes et des hauts dignitaires y étaient seuls admis. Un illustre musicien d'alors fut nommé directeur; et le discours d'investiture a été conservé.

« Kouai, dit l'empereur, je vous nomme surintendant de la musique ; vous l'enseignerez aux fils des princes et des grands.

Faites que, par elle, ils deviennent sincères, affables, indulgents et graves ; apprenez-leur à être fermes sans être durs ni cruels ; élevez leur esprit mais préservez-les de l'orgueil. Traduisez vos pensées par des vers et composez des chants de divers tons et de divers sons et adaptez-les aux instruments de musique. Si les huit modulations sont observées et s'il n'y a aucune confusion dans les différents modes, les hommes seront d'accord avec les esprits supérieurs. »

Kouai répondit par une pièce de vers dans laquelle est donnée la composition de son orchestre et la marche de la symphonie. Neuf instruments différents le formaient et les voix humaines en faisaient partie. Kouai le dirigeait et y jouait aussi, en virtuose émérite à ce qu'il affirme.

« Lorsque je frappe mes pierres sonores, soit doucement, soit avec force, les bêtes féroces bondissent de joie ; et la concorde règne entre les hauts dignitaires. »

Les Chinois avaient reconnu à cette époque huit corps sonores et huit espèces de sonorités, produites par le bois, le métal, la terre cuite, la soie, la peau tannée, les pierres, le bambou, la calebasse ; et de ces matières avaient été formés les instruments de musique.

La grande Lyre, ou luth, nommée Kin, est l'instrument le plus estimé. Il fut inventé par l'empereur Fou-hi, qui apparaît dans l'histoire à la limite des temps fabuleux. Le kin fut longtemps un objet presque sacré ; on disait : « Les sages ont seuls le droit de le faire vibrer : les personnes ordinaires doivent se contenter de le contempler en silence et avec le plus profond respect. » Pour qui savait comprendre son sens mystérieux et symbolique, le Kin était en effet digne d'admiration ; il résumait par sa forme et ses mesures les connaissances astronomiques d'alors ; c'était un livre fermé au vulgaire, clair et simple pour le penseur. Construit d'un bois nommé « pong-mou », il était arrondi à sa partie supérieure pour représenter la voûte céleste ; la partie inférieure était plane comme la terre ; ses cinq cordes de soie répondaient aux cinq planètes et aux cinq éléments. Sa longueur totale était de sept pieds deux pouces, nombre sacré, figurant les divisions du ciel ; *le lac du Dragon* (le chevalet sur lequel s'appuient les cordes) était à huit pouces de l'extrémité inférieure pour représenter les huit aires du vent ; et *l'étang du Phénix* (point où s'attachent les cordes) à quatre pouces de l'extrémité supérieure, pour répondre aux quatre saisons.

Il existait un autre instrument à cordes, nommé *ché*, fait en bois de mûrier et pourvu de cinquante cordes, qui furent plus tard réduites à vingt-cinq.

Les flûtes représentaient aussi le règne végétal ; il y en eut de plusieurs sortes : le *Yo* fait d'un tube percé de trous ; le *Ty* dont l'embouchure était à demi-bouchée et échancrée, et le *Té-ké*, sorte de flûte traversière bouchée aux deux bouts et ayant son embouchure au centre, trois trous étant percés de chaque côté. On faisait aussi des flûtes en terre-cuite et ces dernières étaient déjà en usage 2,630 ans avant notre ère.

Les planchettes de bois que l'on heurtait de la main avaient pour but de rappeler que les Chinois primitifs écrivaient sur des lames de bois. Le *Tchou* était aussi un instrument en bois, il avait la forme d'un tigre couché ; sur le dos de l'animal étaient fixées des chevilles, sur lesquelles on frappait, par trois fois, à la fin d'un morceau.

Le bambou, qui est pour les Chinois une essence particulière, différente du bois, représentait l'élément humide. Il servait aussi à la fabrication des flûtes. On en fit d'abord de diverses longueurs et on les joignit les unes aux autres, à l'aide d'un cordon de soie. Il y en avait deux séries de douze, l'une nommée *Yang*, l'autre *Yn*, qui devaient correspondre aux principes créateurs ; puis une troisième série de seize, nommée *Siao*.

Le *Tchou*, sorte de tambour, représentait le règne animal ; il avait la forme symbolique du boisseau à mesurer les grains, la caisse était en bois de cèdre ou de santal.

Les instruments en métal étaient les cloches, de différentes tailles, fortement aplaties et échancrées des bords ; il en existait trois espèces : les *pa-tchoun*, grosses cloches isolées, sur lesquelles on frappait pour donner le signal du commencement d'un morceau ou pour avertir, dans le courant de l'exécution, un joueur d'instrument de commencer ou de finir; les *pé-tchoun*, de taille moyenne, qui faisaient leur partie dans l'orchestre et servaient aussi à marquer la mesure, et les *pien-tchoun* qui formaient un régime de seize cloches graduées, suspendues à une traverse soutenue par des montants.

Les pierres sonores, *King*, représentaient aussi le règne minéral; taillées à peu près en forme d'équerre et percées d'un trou, elles étaient graduées et disposées comme les cloches. Un cordon unique les suspendait, en serpentant, aux traverses de bois.

Le *pao*, gourde ou calebasse, symbolisait, par la façon dont il était agencé, les trois règnes de la nature. C'était l'instrument par excellence. Les sons qu'il rendait étant immuables, les autres instruments devaient s'accorder sur lui.

Plusieurs de ces instruments ne sont plus usités aujourd'hui; la plupart des règles pour en jouer correctement sont perdues, et la musique moderne, dans ce que nous en pouvons saisir, n'a plus rien de la splendeur qui passionna les ancêtres. Déjà au temps de Confucius, et à son grand chagrin, la musique était en pleine décadence. Un de ses plus chers disciples, Lin-Tcheou-Kiou, écrivit un livre sur cet art qui se perdait, et presque tous les empereurs qui se sont succédé dans l'Empire du Milieu ont fait faire des travaux sur ce sujet.

La musique, dans l'antiquité, était le privilège des hautes classes, sans doute elle n'était pas notée et, comme on ne l'enseignait pas au vulgaire, la tradition a eu moins de bouches pour la transmettre.

Les instruments se sont néanmoins multipliés; on en compte aujourd'hui environ cinquante-huit, qu'il serait trop long d'énumérer. Trente espèces de tambours, gongs ou cloches, dix-neuf instruments à vent, neuf instruments à cordes dont les principaux sont : le *Kin*, le *Pi-pa*, le *Yué-Kin* (luth lunaire) et des violons à deux et trois cordes.

Les musiciens modernes n'admettent que cinq tons pour

former la gamme (*fa*, *sol*, *la*, *do*, *ré*), rejetant ainsi les deux demi-tons. « Les deux *pien*, disent-ils, sont aussi inutiles dans la musique, que le serait un doigt de plus à chaque main ». Le prince Tsai-Yu, qui releva cette erreur, s'écrie, avec une vive indignation : « Nos lettrés, il faut l'avouer, sont quelquefois singulièrement hardis dans leurs affirmations. Un peu moins d'effronterie et un peu plus de science les empêcheraient souvent de commettre certaines bévues, qui les rendent méprisables aux yeux de ceux qui sont vraiment savants. »

Mais cela ne changea rien, l'erreur fut maintenue et la musique moderne s'obstine à n'employer presque exclusivement que les cinq notes.

Cependant une des mélodies que chantent, au Théâtre Chinois du Trocadéro, en s'accompagnant du pi-pa et du violon à deux cordes, les deux mignonnes sœurs, Ouan-Ta-Pa et Ouan-Eul-Pa, est écrite dans le mode *Yn-Tchong*, et elle contient en effet plusieurs fois le *mi*, cette note, que la musique moderne n'emploie pas. Cette mélodie est intitulée :

ROSÉES

O fleurs de printemps,
Qui fleurissez sous ma fenêtre,
Savez-vous que j'ai vingt ans?
Bientôt vous allez disparaître :
Moi, ma beauté va périr,
Sans avoir pu fleurir...
Lorsque vous serez parvenues,
Avant moi, par delà les nues,
Vous, que je vois entre mes pleurs,
Ne m'oubliez pas, ô fleurs !...

Le caractère particulier des mélodies chinoises, comme de celles des peuples qui ont pris la Chine pour modèle, est d'être continue, de se suivre sans interruption, ni répétition; le couplet est très rare et ne s'emploie que dans les chansons populaires.

La suite de morceaux intitulée : *Écoutez le coucou de la colline printanière*, qui doit être jouée sur le *Kin*, est composée dans le mode *Kia-Tchong*.

La suite, intitulée : *Nuit d'automne sur le fleuve Kiang*, également pour le Kin, est composée dans le mode *Houang-Tchong*, c'est-à-dire en fa majeur.

Il existe en Chine, sur la musique, soixante grands ouvrages classiques en un nombre infini de volumes, pleins d'inconnu et de mystère.

Les études européennes n'ont pas dépassé la lisière de cette science compliquée et touffue. Un volume ne suffirait pas, cependant, à rapporter tout ce que l'on sait déjà, et il nous faut, ici, nous borner à ces quelques notes très insuffisantes.

Judith Gautier.

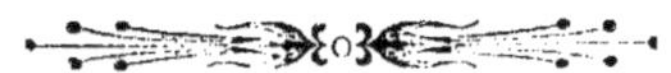

ROSEES

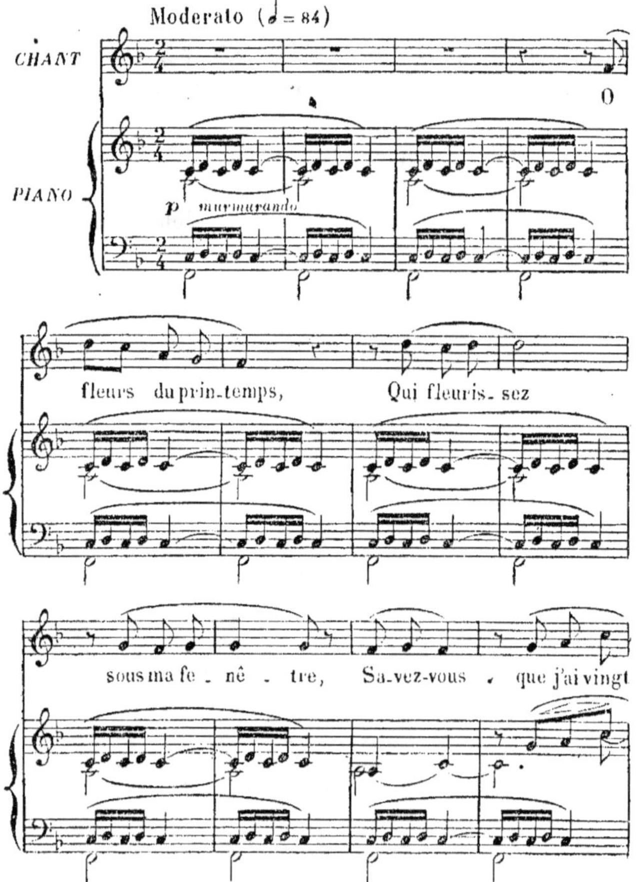

Moderato (♩ = 84)
CHANT
PIANO
p murmurando
fleurs du prin_temps, Qui fleuris_sez
sous ma fe _ nê _ tre, Sa_vez-vous _ que j'ai vingt

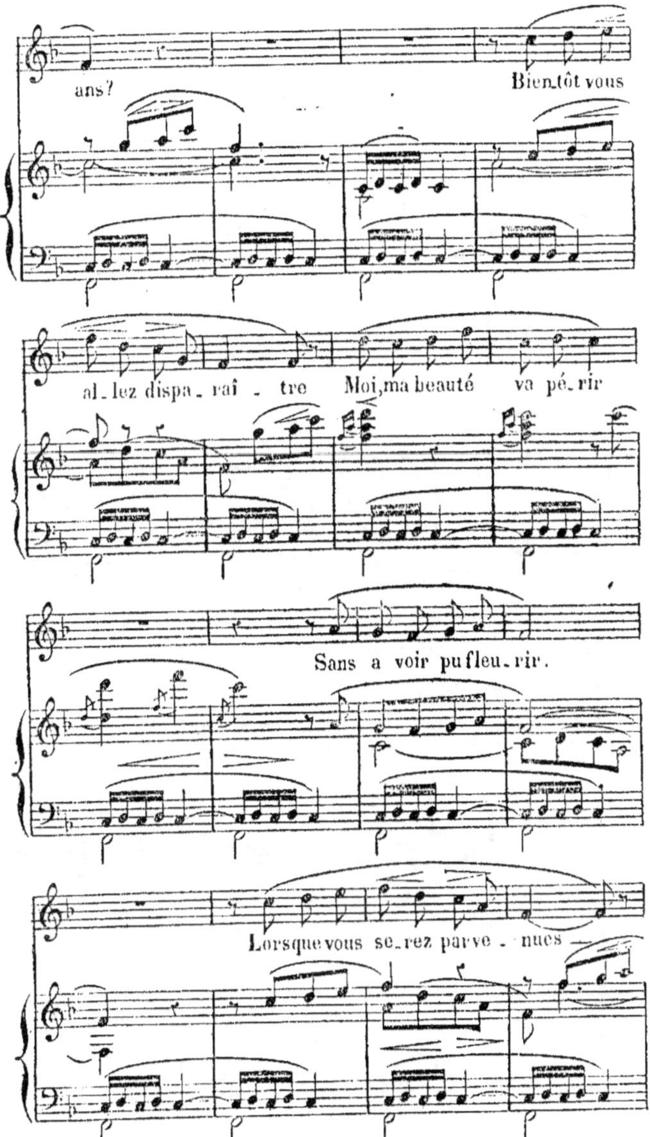
ans?
Bien tôt vous
al _ lez dispa _ raî _ tre Moi, ma beauté va pé _ rir
Sans a voir pu fleu _ rir.
Lorsque vous se _ rez parve _ nues

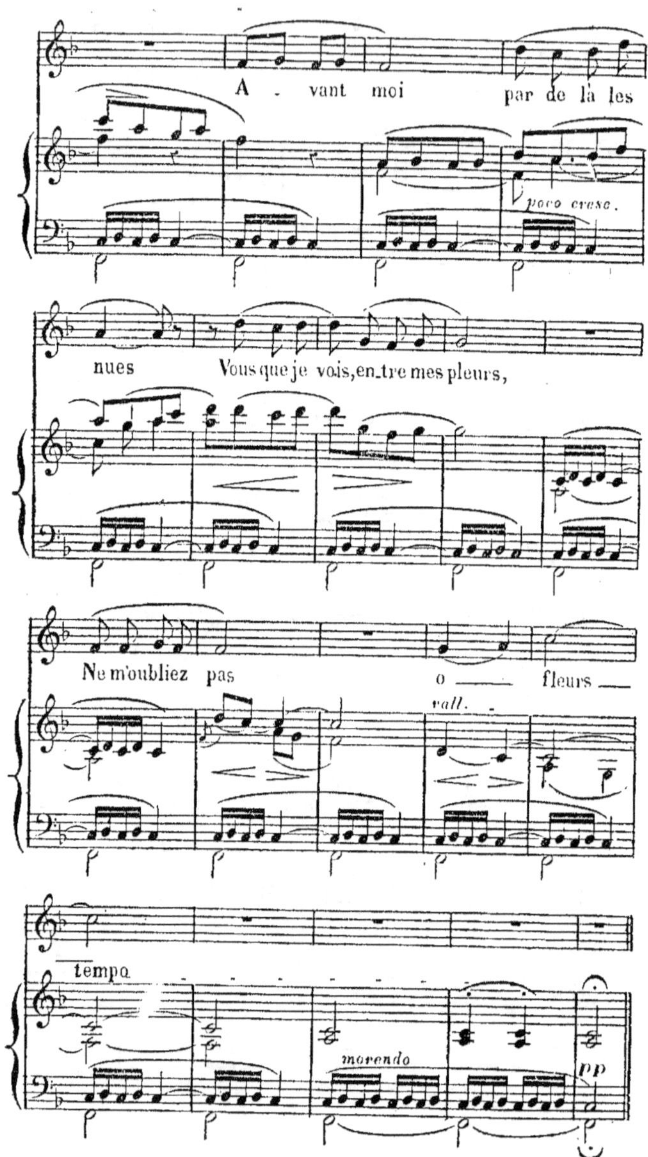
A - vant moi par de là les
nues Vous que je vois, en-tre mes pleurs,
Ne m'oubliez pas o fleurs
poco cresc.
rall.
tempo
morendo
pp

ÉCOUTEZ LE COUCOU

DE LA COLLINE PRINTANIÈRE

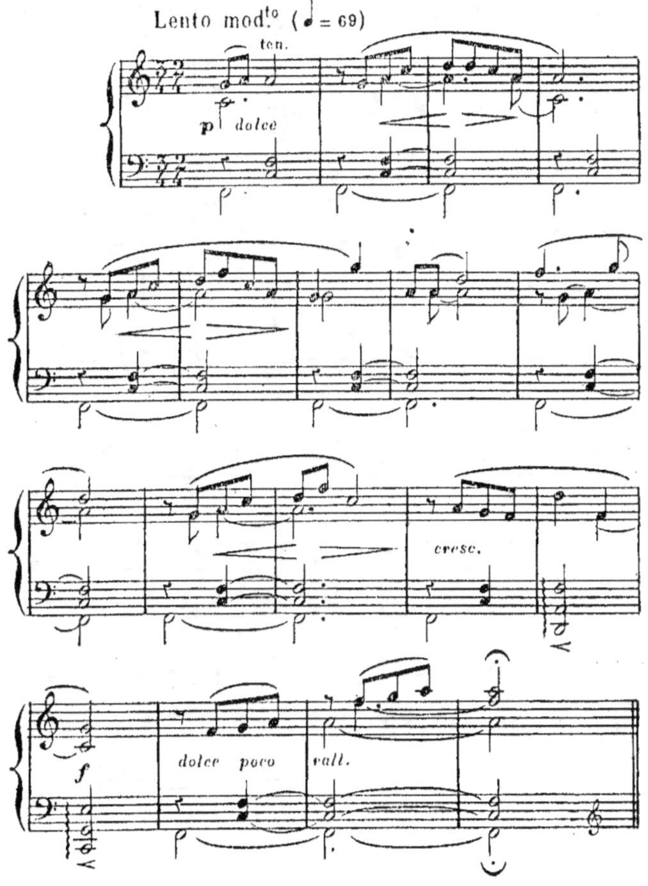

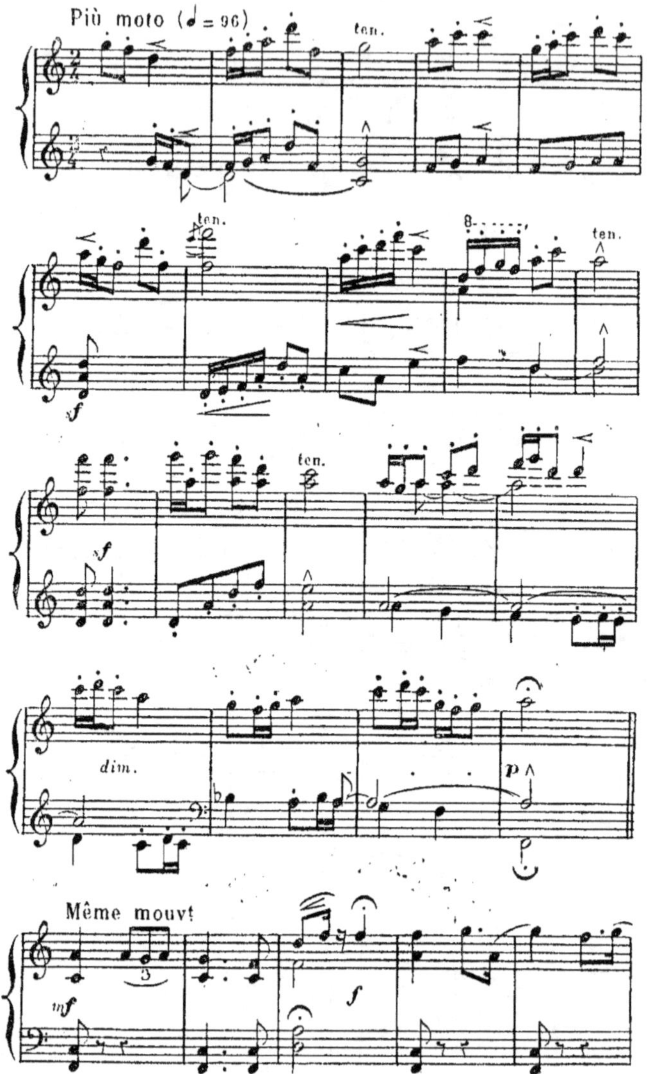
Più moto (♩ = 96)
ten.
ten.
8......
ten.
f
ten.
f
dim.
p
Même mouvt
mf
f
3

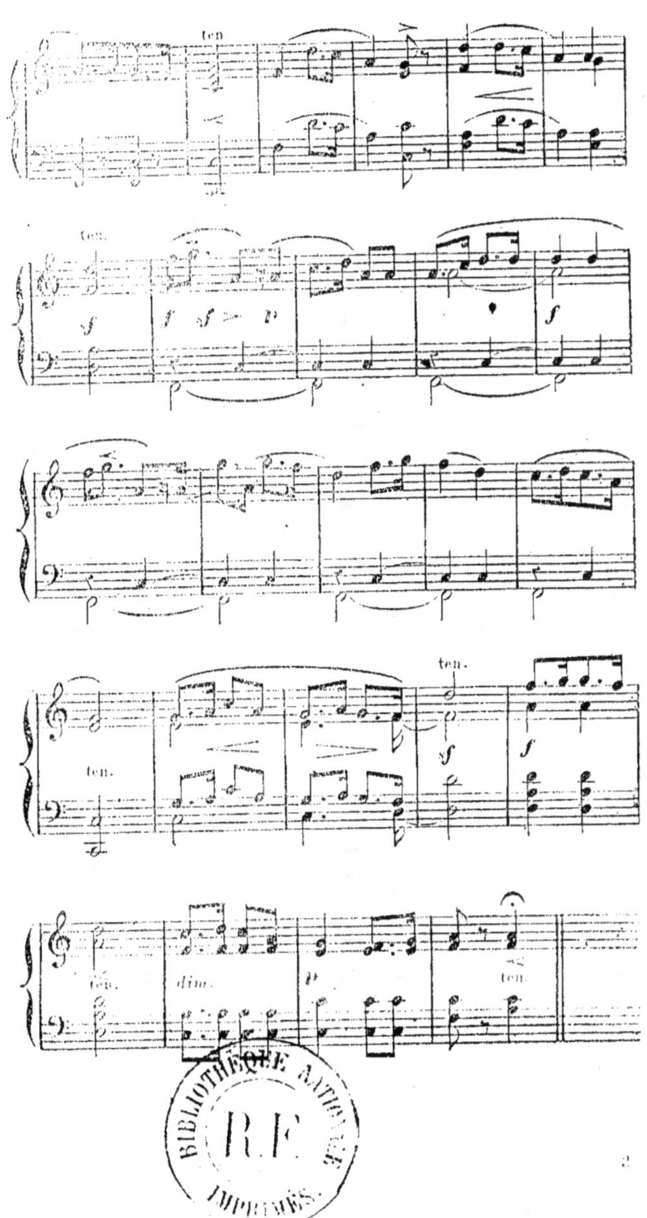

BIBLIOTHÈQUE NATIONALE
R.F.
IMPRIMÉS

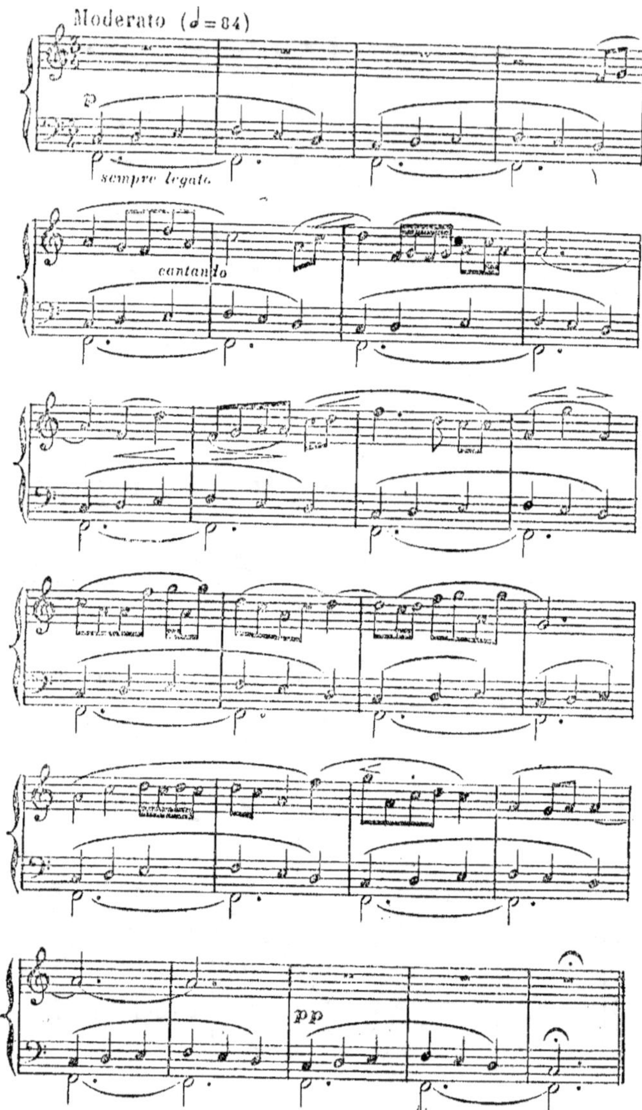
Moderato (♩ = 84)
p
sempre legato.
cantando
pp

NUIT D'AUTOMNE

SUR LE FLEUVE KIANG

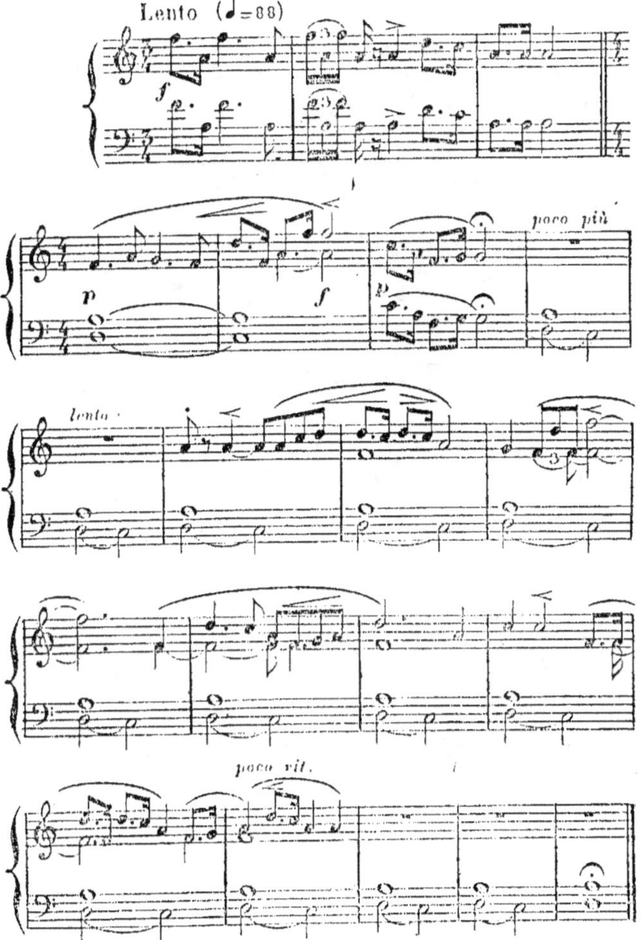

MUSIQUE CHINOISE

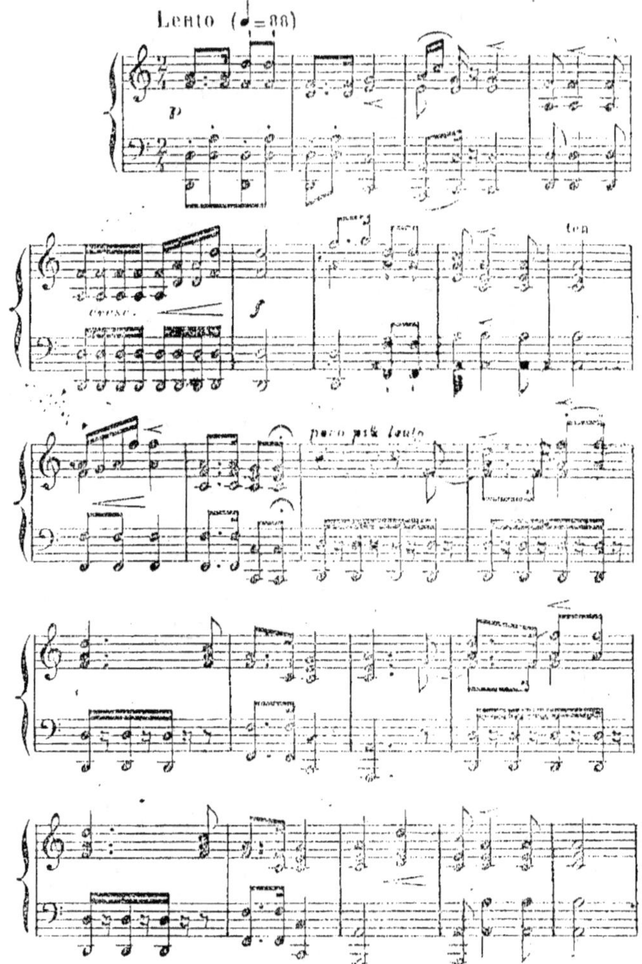

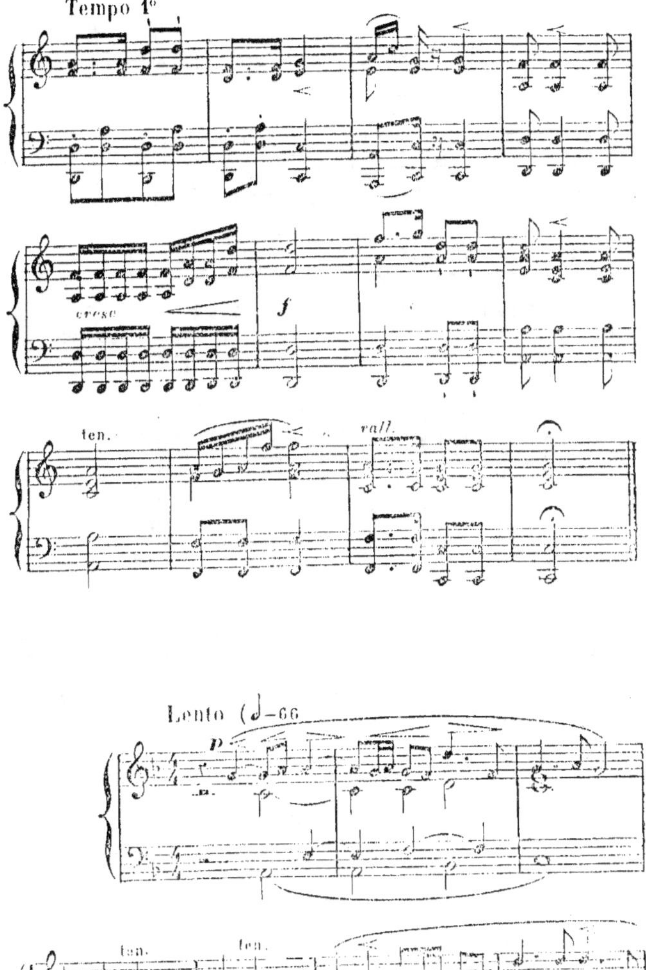
Tempo 1°
cresc
f
ten.
rall.
Lento (♩=66
p
ten.
ten.
p
p
cresc.
f
dim.

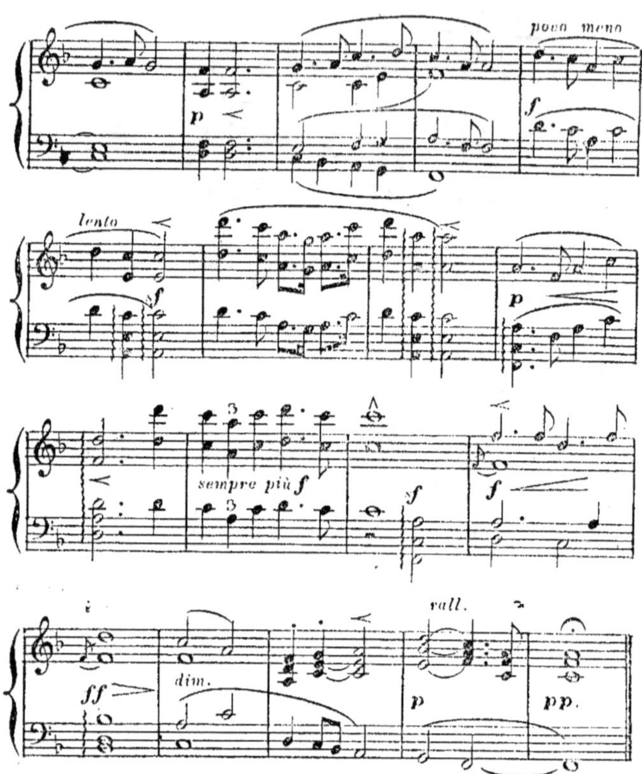
poco meno
p
f
lento
sf
p
sempre più f
sf
f
ff
dim.
rall.
p
pp

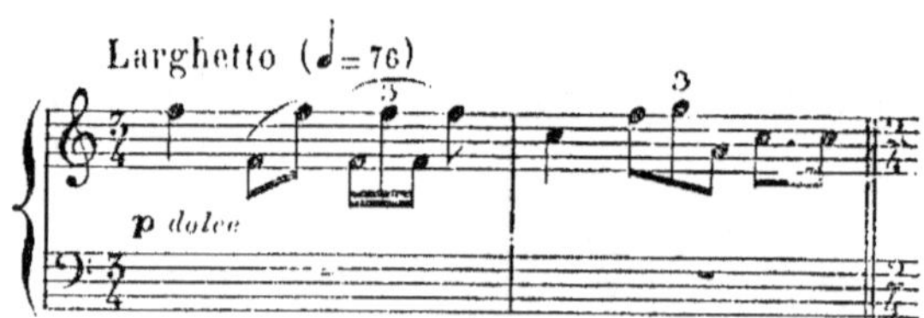
Larghetto (♩ = 76)
p dolce

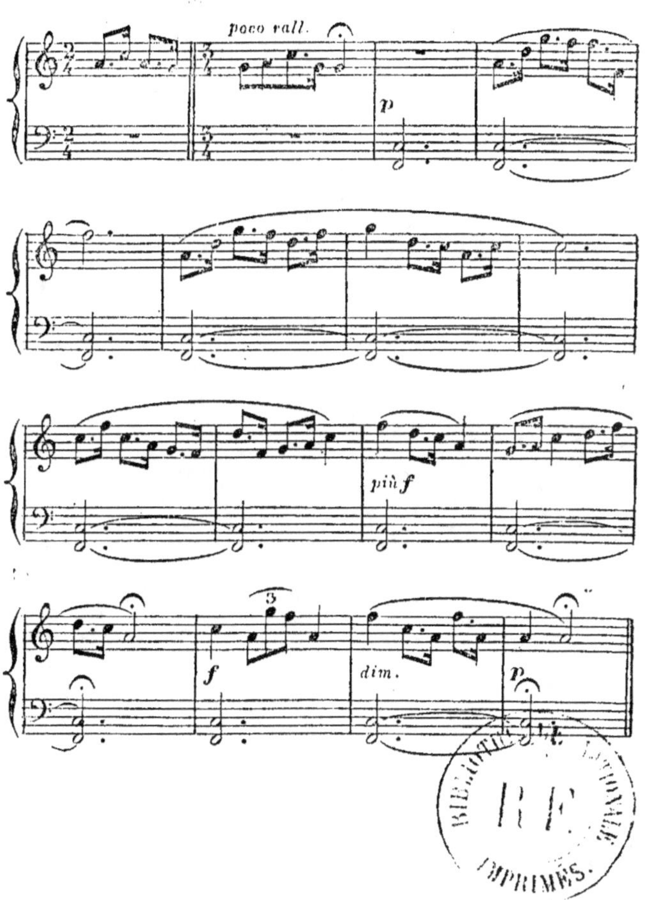

IMPRIMERIE DE SAINT-DENIS. — H. BOUILLANT, 20, RUE DE PARIS — 13262

www.ingramcontent.com/pod-product-compliance
Lightning Source LLC
LaVergne TN
LVHW020638180726
843502LV00006B/2104